Impressum

„Erfolgreicher auf YouTube – Die besten Tipps für einen erfolgreichen Kanal"

Patrick Wagner

Erfolgreicher auf YouTube

Die besten Tipps für einen erfolgreichen Kanal

Inhalt

Vorwort

YouTube ist heute eine der besten Onlineplattformen, um Bekanntheit zu erlangen. Das soziale Netzwerk ist der weltweit größte Anbieter von Videomaterial im Netz. Um erfolgreich zu sein, musst du mit deinem YouTube Kanal aus der Masse herausstechen. Jeden Tag werden neue Channels eröffnet, die die Aufmerksamkeit von den Nutzern auf sich ziehen. Damit dein Channel auch erfolgreich wird, gibt es ein paar Tricks, mit denen du ihn hervorheben kannst.

Das vorliegende Buch zeigt eben diese Tricks auf, damit du auf der weltweit größten Videoplattform erfolgreich werden kannst. Sei dir im Klaren darüber, dass das Befolgen der Tipps nicht automatisch dazu führt, dass du ein YouTube-Star wirst. Um langfristig erfolgreich zu werden, musst du viel Arbeit in deinen Kanal und deine Strategie stecken.

Kapitel 1

Bevor du deinen Kanal startest

Der richtige Start für einen neuen Kanal ist definitiv nicht einfach. Insbesondere dann, wenn dein Channel deine persönliche Karriere vorantreiben soll, musst du einen konkreten Plan haben. Das klingt im ersten Moment ziemlich einfach, doch loszulegen ohne Ideen und Konzepte, kann langfristig schädlich für deinen Erfolg auf YouTube sein. Du darfst nicht vergessen, dass die Konkurrenz unter Kanälen enorm hoch ist und jeden Tag neue Kanäle hinzukommen.

Um einen herausstechenden Kanal zu schaffen, musst du ein paar Fakten zum YouTube Algorithmus und dem Nutzerverhalten kennen. In diesem Kapitel werden wir uns mit der Marktuntersuchung und dem Thema „winning content" beschäftigen.

1.1. Finde deine Nische

Wie du weißt, gibt es auf YouTube eine enorme Konkurrenz zwischen den Videoherstellern. Vor diesem Hintergrund ist es nicht leicht, einen erfolgreichen Channel direkt von Beginn an zu starten. Wenn du dich aber von Beginn an auf eine Nische konzentrierst, ist ein Schnellstart wahrscheinlicher. Konkret bedeutet das, dass du dich auf eine bewusst kleinere Zielgruppe fokussierst.

Kopiere auf keinen Fall Kanäle, die bereits erfolgreich sind. Du solltest nicht von Beginn an mit den „großen YouTubern" konkurrieren. Wenn du eine kleine Nische zu einem bestimmten Thema findest, wo der Wettbewerb noch nicht so groß ist, wirst du leichter von Nutzern gefunden, die sich konkret für das Thema interessieren. Dadurch generierst du mehr Aufrufe, da du mit deinen Inhalten beispielsweise in der Suche ganz oben erscheinst. Deine Zielgruppe wird sich dadurch selber finden.

Um deine Nische, in der du deinen Content produzieren möchtest zu finden, musst du dir vorab zwei Fragen stellen:

- Welche Nische hat ein großes Potenzial?
- Welche Nische interessiert dich persönlich?

Die Antwort auf die erste Frage findest du mithilfe von SEO Tools. Überlege dir Schlagworte und überprüfe sie in Keywordfindern und weiteren Werkzeugen. Die meisten Tools sind sogar kostenlos. Schaue hier konkret nach der Größe des Suchvolumens.

Die Antwort auf die zweite Frage musst du bei dir selber suchen. Das Arbeiten auf YouTube ist nur wirklich sinnvoll, wenn du bei der Erstellung deiner Inhalte auch Spaß hast. Suche dir also keine Nische, nur weil du weißt, dass dort aktuell eine große Nachfrage herrscht. Deine Zuschauer werden erkennen, dass du bei der Produktion deiner Inhalte weniger Spaß hast.

Tipp für deine Nische: *Stelle mehr Videos mit sogenanntem „Evergreen content" her. „Evergreen cvontent" sind Inhalte, die nie an Aktualität verlieren (bspw. Kuchenrezepte, How to-Videos usw.). Trendinhalte können dir einen schnellen Boost in der Aufmerksamkeit verschaffen, jedoch werden diese Videos nach dem Ende des Trends wieder in der Versenkung verschwinden. Wenn die Trendinhalte aber zu deiner Nische passen, ist es sinnvoll, dass du hier auf den Zug aufspringst. So nimmst du den Traffic vom Trend mit und bindest durch deine Evergreen Inhalte deine Zuschauer längerfristig.*

1.2. So bekommst du Ideen für deine Videos

Sobald du deine Nische gefunden hast, musst du mehrere Videos in diesem Bereich produzieren. Bediene deine ausgesuchte Nische so gut wie möglich. Das Heraussuchen von passenden Videoideen kann aber oft sehr schwierig sein. Nicht selten musst du viel Zeit und Arbeit in deine Recherche fließen lassen. Wenn du dich von anderen YouTubern inspirieren lässt, kommst du manchmal schneller zum Ziel!

Selbst wenn du einen Kanal in einer sehr kleinen Nische startest, wird es mit Sicherheit YouTuber geben, die in diesem Bereich bereits Videos produziert haben. Schau dir die Videos deiner Konkurrenz an.

Schaue insbesondere darauf, welche Videos die erfolgreichsten auf den anderen Kanälen sind. Wenn ein bestimmtes Thema viele Klicks auf den anderen Kanälen bringt, wird dieses Thema vermutlich auch auf deinem Kanal gut performen. Das heißt aber in keinem Fall, dass du Ideen klauen oder andere YouTuber kopieren sollst! Nutze diese Form der Recherche als Inspiration.

1.3. Erstelle deine Kanalmarke

Die Marke deines Kanals ist ebenfalls ein sehr wichtiger Faktor für deinen Erfolg auf YouTube. Die Marke wird dazu beitragen, dass sich deine Zuschauer an deine Videos erinnern und sie im besten Falle auch zum Zurückkehren animieren. Zudem eröffnet eine Marke die Möglichkeit, dass du dein Geschäft weiter voranbringst und deine Produktmarke gestärkt wird. Wenn deine Marke in den Videos kommuniziert wird und deine Zuschauer deine Videos mögen, werden sie mit größter Wahrscheinlichkeit auch bereit sein, dich in anderen Bereichen zu unterstützen. Aus diesem Grund ist YouTube auch eine der besten Optionen, um dein Unternehmen bekannt zu machen.

Schritt eins zur Etablierung deiner Marke ist ein Kanallogo. Nutze dein erstelltes Logo als Profilfoto und als Wasserzeichen auf all deinen Videos. Diese

Funktion bietet YouTube an, du brauchst also nicht deine Videos eigenhändig mit einem Wasserzeichen versehen.

Weitere wichtige Indikatoren für deine Video- und Kanalmarkenstrategie sind deine Thumbnails (Vorschaubilder), das Design deiner Kanalseite und natürlich die Struktur deines Videoinhaltes. Stelle sicher, dass sie alle zusammenpassen und ein gewisses Corporate Design besitzen.

1.4.   Produktions- und Veröffentlichungsplan

Die erfolgreichsten YouTube Creators haben einen Plan bzw. Kalender für ihre Videoproduktion und den Upload. Die Terminierung deiner Arbeit bringt einige Vorteile:

1) Du hast eine klare Einsicht, wie viel Arbeit du wann in deinen Kanal stecken musst.
2) Deine Zuschauer wissen genau, wann ein neues Video von dir kommen wird.

Du merkst also, dass die Nutzung eines Produktionsplans zwei Ebenen hat: Deine eigene Übersicht (und Motivation) und die Erwartung deiner Zielgruppe und Zuschauer.

Wenn du einen Plan aufsetzt musst du dich zuerst fragen, wie viele Videos du in einem bestimmten Zeitraum produzieren kannst. Schaffst du drei Videos pro Woche, ein Video pro Woche oder sogar nur ein Video monatlich?

Stelle in jedem Fall gleich zu Beginn sicher, dass du dich an deine eigenen Vorgaben hältst und auch einen konstanten Produktionsfluss erbringst. Für den Anfang ist es in Ordnung, wenn deine Videos nicht die gewünschte Qualität haben. Die Qualität wird sich im Laufe der Zeit von alleine verbessern. Gerade wenn dein Kanal auf YouTube relativ neu ist, solltest du deine Zeit nicht mit Details verschwenden. Positioniere dich von Beginn an mit mehreren Videos.

Sobald du weißt, wie viele Videos du tatsächlich beisteuern kannst, solltest du dir Gedanken über die beste Uploadzeit deiner Videos machen. Dein Video wird höher angezeigt, wenn es gerade neu hochgeladen wurde. Stelle daher sicher, dass dein Video dann online geht, wenn deine Zielgruppe auch online ist. Wenn deine Zielgruppe beispielsweise Erwerbstätige zwischen 25 und 40 Jahren einschließt, solltest du deine Videos lieber nicht während der Arbeitszeit hochladen. Die meisten Menschen in deiner Zielgruppe werden vor oder nach der Arbeitszeit online sein.

1.5.   Grundwissen zum YouTube Algorithmus

Damit du die Tipps in den folgenden Kapiteln auch besser nachvollziehen kannst, musst du den YouTube

Algorithmus verstehen. Oder anders ausgedrückt: Du musst das Ziel des Algorithmus verstehen.

Vergiss niemals, dass YouTube ein Business ist. Das Ziel von YouTube ist, so viel Geld wie möglich zu verdienen. Demzufolge wird YouTube Kanäle bevorzugt behandeln, die den meisten Wert einbringen. Ein wertvoller Nutzer ist ein Nutzer, der möglichst viel Zeit auf der Seite verbringt und somit auch möglichst viele Anzeigen sieht. Kanäle, die diese Nutzer lange auf der Plattform halten, werden deutlich bevorzugt. Sie werden in der Suche weiter oben angezeigt und auch neben anderen Videos häufiger angeboten und verlinkt.

Demzufolge werden die folgenden Kennzahlen einen Einfluss darauf nehmen, wie gut deine Videos auf YouTube performen:

1) Wiedergabezeit (Wie lange wurden deine Videos insgesamt wiedergegeben?)
2) Nutzeraufmerksamkeit (Wie lange schaut ein einzelner Zuschauer im Schnitt deine Videos?)
3) Engagement (Likes, Kommentare, geteilte Inhalte, Aufrufe)

Behalte diese Punkte immer im Hinterkopf beim Lesen der weiteren Kapitel.

Kapitel 2

Produktion deines Videos

2.1. Scripte dein Video

Es ist eigentlich sehr einleuchtend, aber durchaus hilfreich: Fertige ein „Drehbuch" für deine Videos an und bereite sie richtig vor. Das Drehbuch bzw. der vorgefertigte Text wird dir dabei helfen, alle wichtigen Punkte zu berücksichtigen, die du in dein Video einfließen lassen willst. YouTube wird deinen Videotitel, deine Beschreibung und deinen Videotext miteinander vergleichen und feststellen, ob alles zusammenpasst. Wenn du von Beginn an relevante Schlagwörter in dein Script einbaust, unterstützt du das Matching. YouTube ist bemüht, Videos höher zu ranken, die auch mit den entsprechenden Keywords zusammenpassen. Stelle also sicher, dass dein Video inhaltlich zusammenpasst und als relevant eingestuft wird.

2.2. Videolänge

Was ist die perfekte Länge für dein Video?

Es gibt hierauf leider keine allgemeingültige Antwort, denn diese hängt von deinem Video Content ab. Es gibt allerdings zwei Schlüsselfaktoren, die du bei der

Planung im Hinterkopf behalten musst: Deine Wiedergabezeit und die Aufmerksamkeit deiner Zuschauer. Das Video sollte lang genug sein, dass es deine Wiedergabezeit erhöht. Gemeint ist hier die Wiedergabezeit deines gesamten Kanals in einem bestimmten Zeitraum. Ein Video mit einer längeren Laufzeit braucht weniger einzelne Klicks um deine Wiedergabezeit zu erhöhen. Das bedeutet aber nicht, dass dein Video unnötig in die Länge gezogen werden sollte. Im Gegenteil: Wenn dein Video langweilig ist, werden deine Zuschauer auch schneller wegklicken. Das senkt wiederum die Aufmerksamkeit deiner Zuschauer. Ziel sollte es also sein, dass du ein möglichst langes, aber auch sinnvoll getimtes Video herstellst.

Die Faustformel für eine gute Videolänge sind etwa zehn bis neunzehn Minuten. Zu diesem Ergebnis sind ich und andere YouTuber gekommen, die die Plattform schon länger nutzen. Zehn Minuten sind lang genug, um eine entsprechende Wiedergabezeit zu erzeugen, aber nicht zu lang für ein Video, das deine Zuschauer „mal eben zwischendurch" schauen können.

2.3. Videoqualität

In der Videoproduktion legst du das Fundament für deinen Erfolg. Mittlerweile haben sich die Nutzer an eine gute Aufnahmequalität und spannende Videos gewöhnt. Der Standard hierfür ist über die Jahre immer höher geworden. In den Anfangsjahren war die Videoqualität nicht im Vordergrund, während die erfolgreichsten Videos heute mindestens im HD-Format daherkommen. Die Audio- und Videoqualität sollte also auch bei deinen Produktionen einem entsprechenden Standard folgen.

2.4. Animiere deine Zuschauer zum Weiterschauen

Vergesse nie, dass die Aufmerksamkeit deiner Zuschauer und deine Zuschauerbindung im Allgemeinen die wichtigsten Faktoren für eine erfolgreiche YouTube Karriere sind. Wenn ein neuer Zuschauer dein Video anklickt, hast du 4 Sekunden Zeit, seine Aufmerksamkeit zu erregen. Findet er die ersten 4 Sekunden schon langweilig, wird er deine Videoseite voraussichtlich wieder verlassen. Das zeigt zumindest der Durchschnitt. Du erkennst also, wie wichtig die ersten Sekunden deines Videos sind. Aber wie gestaltest du die ersten Sekunden spannend?

Eine Möglichkeit besteht darin, direkt am Anfang eine Art „Inhaltsverzeichnis" zu geben. Du erzählst deinen Zuschauern also konkret, was sie in deinem Video erwartet. Wenn der Zuschauer konkret weiß, was ihn erwartet, ist es wahrscheinlicher, dass er sich das Video auch weiter ansieht.

Ein weiterer wichtiger Punkt, um mehr Interaktion zu erzeugen ist, während des Videos Fragen zu stellen. Durch in dem Video gestellte Fragen werden deine Zuschauer dazu animiert, ihre Meinung in den Kommentaren abzugeben. Wenn du auf die so erzeugten Kommentare antwortest und eine Diskussion startest, werden die Zuschauer wahrscheinlicher wiederkommen.

Kapitel 3

Lade dein Video hoch

Wenn du dein Video hochlädst, stellst du bereits die Weichen für den Erfolg. Stelle sicher, dass dein Video HD-Qualität hat und der Dateiname zu deinen gewählten Keywords passt. Das wird es für den YouTube Algorithmus später einfacher machen, deine Videodatei auch richtig zu definieren.

3.1. Der Videotitel

Der Videotitel ist einer der wichtigsten Punkte für dein Videoupload. Der Titel wird voraussichtlich das zweite (manchmal sogar das erste) sein, was deine Zuschauer von dem Video sehen werden, wenn sie sich entscheiden, ob sie es sich anschauen wollen. Vor diesem Hintergrund sollte also klar sein, was deine Zuschauer von dem Video erwarten können. Nutze den Videotitel also um das Interesse deiner Zielgruppe zu wecken.

Wenn du deinen Kanal erst neu gestartet hast, nutze längere Videotitel mit mehreren Keywords. Der Algorithmus erkennt die Relevanz deines Videos wenn sich die Keywords in deinem Videotitel, deiner Beschreibung und dem Inhalt decken. Schreibe hierfür am besten dein Hauptkeyword an den Anfang deines Videotitels.

3.2. Die Videobeschreibung

Stelle sicher, dass du auch eine längere Videobeschreibung schreibst. Nutze auch hier so viele Schlagworte, wie dir einfallen. Achte aber darauf, dass du keine Schlagwortliste machst, sondern diese sinnvoll in den Fließtext einbaust. Eine Schlagwortliste wird oft von YouTube abgestraft.

In der Videobeschreibung hast du auch die Möglichkeit, Links zu deinen anderen Social Media Kanälen und deiner Website einzubauen (oder auch Affiliate Links). Wenn du einen Link einbaust, vergesse hier auf keinen Fall das „http://" zur Einleitung. Setzte aber nicht zu viele Links auf einmal. Nicht vergessen: Das Ziel von YouTube ist es, die Nutzer auf der Plattform zu halten. Zu viele Links können hier stören. Eine Faustformel generell ist, dass maximal 9 Links in der Beschreibung geduldet werden.

3.3. Vorschaubild (Thumbnail)

Zusammen mit dem Videotitel wird das Vorschaubild das erste sein, was deine Zuschauer von deinem Video sehen werden. Das Vorschaubild muss also interessant sein, damit Zuschauer auf dein Video klicken. Gestalte deine Thumbnails so, dass sie ansprechend für die Zuschauer wirken und auf der anderen Seite auch dein Design zum Markenaufbau unterstützen. Wenn du dein Vorschaubild erstellt hast, versehe die Datei vor dem Hochladen zu YouTube mit Schlagworten zu deinem Video. Oder gib ihr gar den Videotitel. Später kann das auch positiven Einfluss auf dein Videoranking haben.

3.4. Endscreen und Karten

Der Endscreen deines Videos ist der beste Part, um einen „Call to action" einzufügen. Aussagen wie „like und teile das Video" oder „Abonniere mich jetzt" sind effektive Aussagen für das Ende deines Videos. Im Endscreen kannst du auch Karten und Videolinks auf deiner Videofläche platzieren. Verlinke auf deine eigenen Videos, deinen Channel oder auch auf Partnerkanäle und Partnervideos. Hier kannst du aber auch externe Links zu anderen Social Media Seiten oder Affiliate Links platzieren.

Allerdings ist der Endscreen nicht die einzige Möglichkeit, wo du Karten einbauen kannst. Du kannst auch Links zu anderen Videos in der Mitte deines Inhaltes einfügen. Hier am besten, wenn es inhaltlich passt. Wenn du beispielsweise über ein Produkt sprichst, kannst du an dieser Stelle einen Affiliate Link einfügen. Denke aber daran, diese Funktion nicht zu oft zu benutzen. Auf Dauer kann das auch nervig für deine Zuschauer sein, die daraufhin das Interesse verlieren.

3.5. Stelle sicher, dass...

Du deine Videos in eine Playlist einfügst, damit deine Zuschauer deine Videos auch weiterschauen können.

Du Kommentare erlaubst. So erhöhst du deine Interaktionsrate.

Du das Teilen und Einbetten deiner Videos erlaubst. So erhöhst du die Chance, dass deine Videos durch andere Seiten gesehen werden.

Du für deine Videos die richtige Kategorie ausgewählt hast. So wird dein Video auch neben anderen ähnlichen Videos angezeigt.

Du dir nach dem Upload das Video komplett ansiehst. Auf der einen Seite zum Überprüfen deines Uploads, auf der anderen Seite wird dadurch deine Absprungrate gemindert, da dein Aufruf auch bereits zu den „Klicks" für den Algorithmus zählt.

Du Untertitel nutzt, damit die Relevanz und dein Videoinhalt noch einmal unterstrichen werden. Zudem haben Untertitel den Vorteil, dass Hörgeschädigte Zuschauer dem Inhalt ebenfalls besser folgen können.

Kapitel 4

So legst du richtig los

4.1. Teile deinen Kanal und deine Videos

Sobald du deinen Kanal erstellt und dein erstes Video hochgeladen hast, solltest du diese auf jeden Fall teilen. Vielleicht hast du dir auf anderen Plattformen bereits eine Community aufgebaut. Nutze diese Communities auch für den Start deines YouTube Channels. Vielleicht ist es auch sinnvoll, aufbauend auf deinen Kanal, weitere Social Media Accounts zu erstellen, um zusätzliche Inhalte anzubieten. Nutze Facebook, Instagram, Twitter, Pinterest und Co, um die Links zu deinem Kanal und deinen Videos zu verbreiten. Natürlich funktionieren diese Netzwerke etwas anders als YouTube. Daher solltest du für die entsprechenden Netzwerke auch passende Inhalte erstellen. Nutze auch hier „call to action" wie „Folge diesem Link, um mein neues Video zu schauen". Deine Community wird wachsen, wenn du auch den Traffic von anderen Social Media Plattformen nutzt. Zudem sind soziale Netzwerke auch der perfekte Ort, um mit deinen Fans in Kontakt zu bleiben. Stelle in jedem Fall sicher, dass du jedes Video, das du hochlädst auch in deinen anderen Accounts geteilt wird. Vernachlässige auch nicht die Kommentarfunktion oder auch deine privaten Social

Media Accounts. Teile deine Links auch gerne in Facebookgruppen. Hierbei solltest du aber vorsichtig sein: Gruppen, die nur dazu da sind, um Links zu posten, bringen selten großen Erfolg. Die Gruppenmitglieder sind nur in der Gruppe, da sie sich ebenfalls mehr Traffic versprechen. Sie klicken nur sehr selten auf Inhalte von anderen. Nutze daher Gruppen, die auch thematisch gut zu dem Inhalt deiner Videos passen und verlinke sie, wenn sie in einer Diskussion angebracht sind. Wenn du dir nicht sicher bist, ob in diesen anderen Gruppen das Posten erwünscht ist, kontaktiere sicherheitshalber den Seitenadministrator.

4.2. Die Kommentar-Methode

Wenn du deinen eigenen Channel planst, schaue dir auf jeden Fall auch Videos von anderen Produzenten an. Du wirst inspiriert und bleibst auf dem neuesten Stand. Scheue dich auch nicht, Kommentare bei anderen Videos abzugeben. Nehme aktiv an Diskussionen teil. Durch das Kommentieren verteilst du den Link zu deinem Kanal auf relevanten Videoseiten und demonstrierst YouTube gleichzeitig deine Aktivität. Spamme aber hier in keinem Fall. Deine Kommentare sollten sinnvoll sein und auch aktiv zu der Diskussion beitragen. Nur so werden andere Nutzer auch deinen Kanal besuchen wollen.

4.3. Die Einzigartige-Tag-Strategie

Eine zusätzliche Möglichkeit, deine Zuschauer an deine Inhalte zu binden ist die Einzigartige-Tag-Strategie. Wenn du dein Video hochlädst, kannst du auch einzelne Stichwörter (Tags) setzen. Nutze bei jedem Upload einen speziellen Tag, der nur von dir genutzt wird. Dieser sollte aus einer Buchstaben und Zahlenkombination bestehen. Wenn YouTube die Tags durchsucht und diesen einen speziellen Tag bei all deinen Videos findet, stellt der Algorithmus mit erhöhter Wahrscheinlichkeit fest, dass deine Videos zusammengehören. Demnach werden deine Videos auch bei deinen eigenen Videos empfohlen.

Es gibt viele YouTuber, die diese Strategie nutzen. Wenn du die einzigartigen Tags von größeren YouTubern herausfindest, kannst du sie ebenfalls setzen. So kann es passieren, dass YouTube deine Videos bei den Videos der größeren YouTuber ebenfalls vorschlägt.

4.4. Kollaboration mit anderen YouTubern

Eine Zusammenarbeit mit anderen Contentproduzenten ist ebenfalls eine gute Möglichkeit, Aufmerksamkeit auf deinen Kanal zu lenken. Deine Community wird sich durch eine

Zusammenarbeit vergrößern, da Fans deines Partners ebenfalls auf dich aufmerksam werden. Natürlich wird auch dein Kollaborationspartner von deinen Fans und deinem Netzwerk profitieren. Es gibt unzählig viele Möglichkciten, mit anderen Produzenten zusammenzuarbeiten. Hier sind ein paar Beispiele:

- Produziert eine gemeinsame Videoreihe
- Lade andere YouTuber als Gäste in deine Videos ein
- Lasse dich von anderen einladen
- Schreibe Blogbeiträge für andere YouTuber
- Unterstütze andere YouTuber mit Musik, Animationen, Videoschnitt usw.
- Nutze Unterstützung von anderen YouTubern
- Mache gemeinsam mit anderen YouTubern Wettbewerbe und Contests

Sei also nicht schüchtern und zögere nicht, dich mit anderen Kreativen in Verbindung zu setzen.

Kapitel 5

Finale Checkliste

Zusammenfassend möchte ich dir noch eine Checkliste auf den Weg geben, die du bei dem Aufbau deines Kanals berücksichtigen kannst. Durch das Anwenden der Tipps in diesem Buch ist es wahrscheinlicher, dass du erfolgreich durchstartest. Ein reines Befolgen der Tipps ist aber keine Garantie dafür, dass du auch tatsächlich erfolgreich wirst. Analysiere weiter deine Marktlage auf YouTube und passe dich dem einen oder anderen Trend an.

- Finde deine Nische
- Erstelle deine Marke
- Mache einen Produktions- und Uploadplan
- Bereite deine Videos gut vor (mit Texten und Drehbüchern)
- Achte auf die Länge und Qualität deiner Videos
- Nutze die ersten 4 Sekunden, um Interesse deiner Zuschauer zu erzeugen
- Nutze einen passenden Videotitel
- Schreibe eine ausführliche Beschreibung mit vielen Schlagworten
- Erstelle ein interessantes Vorschaubild
- Seite einen einzigartigen persönlichen Tag zu jedem Video
- Nutze deinen Endscreen und Cards
- Speichere deine Videos in eine Playlist

- Teile deine Videos und deinen Kanal in sozialen Netzwerken
- Schaue andere YouTube Videos und sei bei ihnen aktiv
- Nehme an Diskussionen teil und steuere sinnvollen Inhalt bei
- Kooperiere mit anderen YouTubern

www.ingramcontent.com/pod-product-compliance
Lightning Source LLC
Chambersburg PA
CBHW030601220526
45463CB00007B/3135